PRAISE FOR HENRIK NORD

"Henrik Nordbrandt, Denmark's most r
porary poet, has found in Patrick Phillip_   _.siator. Phillips
renders in English not only the cosmopolitan sensibilities of Nordbrandt's
ceaseless wanderings throughout the Mediterranean world he has made
his second home, but he does so in English versions that are every bit as
pleasurable and subtle in English as a non-Danish reader like myself could
hope for. In fact, Phillips has accomplished that rarest of feats—a transla-
tion that so naturalizes the original that it seems as if these poems have
always been a part of our linguistic inheritance."—Tom Sleigh

"In Patrick Phillips's translations, Henrik Nordbrandt's poems pour out
as cold, clear, and mineral-tanged as spring water. Their enigmas astonish
in their purity: 'Never have I seen / never so clearly.' Nordbrandt is a mas-
ter, masterfully reborn in English. This is a book of signal beauty and
mystery."—Rosanna Warren

"These poems are cargoes of surprise, landfalls with the immediacy of
music."—*Booklist*

"Nordbrandt invents paradoxical metaphors: images that apparently dis-
solve in contradictions but, on closer examination, prove to live by virtue
of those same contradictions."—*Danish Literary Magazine*

"Inspired and fed by his countless travels, Nordbrandt's poetry is imbued
with the towns, landscapes and climates of the Mediterranean, saturated
with its colours, lights and shades."—*Poetry International*

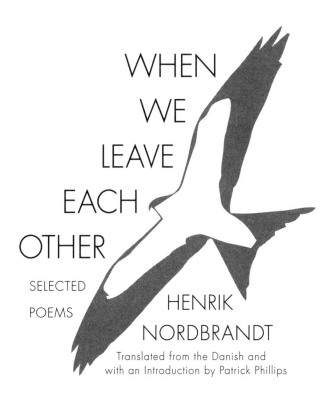

WHEN
WE
LEAVE
EACH
OTHER

SELECTED

POEMS

HENRIK
NORDBRANDT

Translated from the Danish and
with an Introduction by Patrick Phillips

OPEN LETTER

LITERARY TRANSLATIONS FROM THE UNIVERSITY OF ROCHESTER

First edition, 2013
All rights reserved

Poems from this collection have appeared in the following: "When We Leave Each Other" and
"The Rebel's Death Certificate," in the anthology *Two Lines: World Writing in Translation*,
2011; "Harvest Moon" and "Smile," *twolines.com*, The Center for the Art of Translation, 2011;
"Cathedral," "The White Vase," "Resurrection," "Sleeping Around," and "Cehennem ve Cennet,"
American Poetry Review, July/August 2010; "Gesture" and "Three Flower Poems," *Copper Nickel*
14, Fall 2010; "The Rain," "Note from the War in Kosovo," "Note to Self," "Point," and "Five
Haiku," *Scandinavian Review*, Winter 2008-9; "Casa Blanca," *Post Road*, Winter 2005; "Dream
of Punishment" and "Dream of Despair" *New England Review* 25:1, 2004; "Dream of Streetcars,"
New England Review 22:2, 2001.

Library of Congress Cataloging-in-Publication Data:

Nordbrandt, Henrik.
    [Poems. Selections. English]
    When We Leave Each Other : Selected Poems of Henrik Nordbrandt / by Henrik
Nordbrandt ; Translated from the Danish and with an introduction by Patrick
Phillips. — First edition.
        pages cm
    Parallel text in English and Danish.
    ISBN-13: 978-1-934824-42-9 (pbk. : acid-free paper)
    ISBN-10: 1-934824-42-9 (pbk. : acid-free paper)
    I. Phillips, Patrick, 1970- translator. II. Nordbrandt, Henrik. Poems. Selections.
Danish. III. Title.
    PT8176.24.O55A2 2013
    839.81'174—dc23
                                    2012044306

This project is supported in part by an award from the National Endowment for the Arts.

ART WORKS.
arts.gov

Printed on acid-free paper in the United States of America.

Text set in Jenson Pro, an old-style serif typeface drawn by Robert Slimbach, based on a Venetian
old-style text face cut by Nicolas Jenson in 1470.

Design by N. J. Furl

Open Letter is the University of Rochester's nonprofit, literary translation press:
Lattimore Hall 411, Box 270082, Rochester, NY 14627

www.openletterbooks.org

TRANSLATOR'S ACKNOWLEDGMENTS

Many thanks to those whose encouragement and friendship helped sustain my work on these translations over the past decade, and above all to Henrik Nordbrandt for his generous support of the project. Special thanks are due to Jennifer Grotz, without whose enthusiasm and keen editorial eye this book would not exist. Gratitude also to Curtis Bauer, Nicky Beer, Michael Collier, Mark Conway, Christina Davis, Cay Dollerup, C. J. Evans, Ted Genoways, E. J. Van Lanen, Chad W. Post, Thom Satterlee, Tom Sleigh, Nina Sokol, Kaija Straumanis, Katrine Beck Taxholm, Sofie Voller, Rosanna Warren, and C. Dale Young. For their vital support, thanks to the American-Scandinavian Foundation, the U.S. and Danish Fulbright Commissions, everyone at Open Letter Books at the University of Rochester, as well as my students and colleagues at Drew University. Endless love to my parents, for putting me on a plane to Copenhagen in the first place, and to my wife Ellen for going back with me fifteen years later. To the Lillelund family—Jan, Bodil, Paul, Mads, and Jacob—*tusinde tak for alt.*

CONTENTS

TRANSLATOR'S INTRODUCTION

Henrik Nordbrandt was born in 1945 outside of Copenhagen, Denmark, where his father was a captain in the Danish Navy, and his mother a lawyer and local government official. After attending Danish public schools and earning an undergraduate degree at the University of Copenhagen, Nordbrandt went on to study foreign languages, specializing in Chinese, Turkish, and Arabic. In 1966, the year he published his first book (*Digte – Poems*) at the age of 21, Nordbrandt's life took a dramatic turn when he traveled for the first time to Greece. Soon thereafter, he dropped out of school and left Denmark for good.

For nearly forty years, Nordbrandt has lived and traveled around the Mediterranean, settling at various times in Turkey, Spain, and Greece, whose people and landscapes have become the subjects and settings of many of his poems. Along the way, he has published more than twenty poetry collections, and achieved both critical and popular success among European readers. He has won nearly every major award for writers in the Nordic countries, including the Danish Academy Prize (1980), the Swedish Academy Nordic Prize (1990), and the Nordic Council Prize in Literature (2001). Nordbrandt now holds a unique place in his homeland as its most celebrated national poet, who happens to have also spent most of his adult life outside of Denmark.

I began translating Nordbrandt's poems when I was a Fulbright Scholar at the University of Copenhagen's Centre for Translation Studies in 2000. During a year in which I fell under the spell of many contemporary Danish writers—including Inger Christensen, Tove Ditlevsen, and Søren Ulrik Thomsen—I kept coming back to Nordbrandt's poems, with their charming self-deprecation, their melancholy wit, and their speaker always leaving or arriving in some new dusty village, ever longing for some lost beloved. Nordbrandt's work was beautiful and haunting, and I soon found that he was not only a subtle, funny, and moving poet, but also one whose lines lent themselves to translation. Again and again in Nordbrandt's books I saw the potential for making not just serviceable texts in English, but actual poems.

I now think Nordbrandt's "translatability" is both a function of his plain-spoken style, and a product of his life. The poems he has written since 1966 bear all the marks of his travels, and are profoundly shaped by the simple fact that Nordbrandt is usually writing in a language that no one would understand for a thousand miles around him in all directions. Thus, the work feels deeply intimate and, at the same time, intensely grateful for our company. The year may change, and the setting, but the subjects of his poems are remarkably persistent: the joys and strangeness of travel; the tragicomic absurdity of our attempts to make sense of the world; and above all, the sweetness and ache of human love. Nordbrandt is a poet always willing to interrupt his own moments of self-seriousness with subtle irony and, likewise, ready to interrupt moments of comedy with a level gaze as he tells us simply, and with relentless honesty, how it feels to be alive. In the end I think his poems "work" in English because Nordbrandt's voice feels already so estranged from the culture of his homeland. It is as if Nordbrandt the wanderer belongs to a category of Danish literature all his own, and something of that unique poetic DNA survives all the violence of translation.

Arranging these translations into a book has been a puzzle, in that groups of poems lifted out of their original collections tend to lose the pacing and aesthetic balance with which they were originally assembled. I was confirmed in my wariness of such a process by Nordbrandt himself, who rejected chronological order when putting together his most recent selected poems, *Egne Digte* – *Own Poems*, in 1999. In that collection, which presents work from throughout Nordbrandt's career, one encounters groups of poems with little regard for chronology, and no indication (save notes at the back) of what year, or even in which decade, they first appeared. Instead, in a move that seems no less a statement of his fundamental lyricism than the poems themselves, *Egne Digte* reprints poems in an order governed by aesthetics, as if what readers have suspected all along were true: that each poem is part of a single, ongoing conversation Nordbrandt has been having with himself since 1966. Rather than a forced march, *Egne Digte* is a meander through the rambling house of Nordbrandt's career. He invites us in without introduction or explanation, and asks the reader to simply go and have a look around. In the same way, I have been guided in both my selections and the sequencing of these poems by the desire to make a book that will appeal to readers unfamiliar with Nordbrandt, by simply presenting the best translations of the best poems. That has meant selecting and ordering the collection not with a scholar's desire for comprehensiveness, but with a poet's longing for lyric intensity.

When We Leave Each Other begins with a group of translations from *Egne Digte*, which serves as an introduction to the first two decades of Nordbrandt's career. I would refer anyone interested in a larger selection of poems from that period to Alexander Taylor's *Selected Poems* (Augustinus/Curbstone Press, 1978), as well as to the selections translated by Robin Fulton (*My Life, My Dream*, Dedalus Press, 2003), and Thomas Satterlee (*The Hangman's Lament*, Green Integer, 2003). I am indebted to all of these translators, as well as to Nadia Christensen, for her work on Nordbrandt's early poems. The second half of this collection is focused on Nordbrandt's prodigious output over the past fifteen years, a period during which he has published five volumes, and confirmed his status as one of the most important living poets in Europe. Very few of these poems have yet appeared in English, and so my hope is that this collection will give those already familiar with Nordbrandt's poems a sense of all he has been up to since 1998; at the same time I hope it will provide an introduction for the much larger group of readers who have never heard this major voice.

A final note on the translations: one of the great charms of Nordbrandt's poems is that they are informal, conversational, and often charged with a dry wit. This makes them simultaneously very easy on the ears in Danish, and difficult to render in English versions that achieve Nordbrandt's delicate, all-important tonal shifts. To that end, I have at times knowingly sacrificed conventional lexical faithfulness, in the hope of translating not just the text of the poems but, more vitally, the experience of reading them. For me, Nordbrandt's genius depends more on sound and tone than anything else, and so my practice as a translator has involved elevating tonal and rhythmic elements over strict dictionary equivalence, and engaging in a kind of colloquial translation when a more literal rendering would result in overly poetic language or, worse, awkward "translationese." Nordbrandt himself, describing his collaboration with Alexander Taylor on the 1978 *Selected Poems*, wrote that their aim was to "capture the tone and nuances of the original poems rather than be bound by literal translation," and elsewhere he praised Christiansen's "creative faithfulness to the original texts." In the same spirit, I have tried to make translations that are not merely the product of a linguistic operation, but "creatively faithful," and poems in their own right.

Nordbrandt is such a master of concision and so mindful not just of the power of words, but also of their betrayals, that I don't want to delay the poems themselves much longer. Suffice it to say that I have now lived for many years with Nordbrandt's voice in my head, and have spent some of my happiest hours as a reader listening to him whispering "alone in the dark somewhere," as he puts it in "Sleeping Around." When I think of his long absence from a country in which he has now become the leading poet, it seems unsurprising that these poems should be full of longing, written as they were so far from home, and far from the Danish people to whom they are, by definition, addressed. But of course, the great wonder of poetry is the possibility it holds for true communication, across years and continents and tongues: the possibility that someday someone, in some distant place, might find Nordbrandt's once-scribbled lines, and breathe them to life again, and understand. That is the reason I wanted to make this book, and my great hope as you take it in your hands.

Patrick Phillips
Brooklyn, NY

WHEN
WE
LEAVE
EACH
OTHER

SELECTED

POEMS

FROM
OWN POEMS: SELECTED
(1969-1995)

NÅR VI FORLADER HINANDEN

Når vi forlader hinanden, forlader vi samtidig
alle de steder, hvor vi har været sammen:
Den forsømte forstad med de røgsværtede huse
hvor vi boede en måned, natlige byer
hvis navne vi har glemt, og stinkende asiatiske hoteller
hvor vi nu og da vågnede i middagsheden
med en følelse af at have sovet i tusind og et år.

Og alle de små, svært tilgængelige bjergkapeller
langs vejen mellem Athen og Delphi
hvor olielamperne brænder sommernatten igennem

forlader vi samtidig, når vi forlader hinanden.

WHEN WE LEAVE EACH OTHER

When we leave each other, we leave at the same time
every place we've ever been together:
that ruined city of smoke-black houses
where we lived once for a month, those one-night towns
whose names we can't remember, reeking motels in Asia
where we used to wake up in the heat
like we'd slept a thousand years.
And all those little chapels perched in the mountains
on the road between Athens and Delphi,
where oil lamps burn all through the night

we leave, when we leave each other.

PARTISANENS DØDSATTEST

Der er et hus som nogen har forladt for mange år siden
der er en stemme som for længe siden er blevet tavs
der er et bestemt sted man altid må vende tilbage til
der er et forår fuldt af kirsebærtræer og valmueblade
der er en henrettelsespeloton som man aldrig får at se
der er en pige ved navn Maria som ikke kan hedde andet
der er en vase med violer og et spejl og et gammelt bord
der er et sted hvor ingen tør se hvem der er kommet
der er aldrig kommet nogen for at skrive et bestemt brev
der er aldrig kommet et brev til den som omtales der
der er aldrig blevet omtalt et hus som slet ikke er der
der er intet hus man kan forlade når man ikke er der
der er intet sted at vende tilbage til når man er ingen
der er ingen som ikke kan hedde noget andet end Maria
der er ingen henrettelsespeloton som ikke kan glemmes
der er intet knust spejl til at spejle valmuebladene
der er blot en tavs stemme som taler om alt det der er
der er nogen som har forladt et hus for mange år siden
der er en pige ved navn Maria som ikke kan hedde andet
der er en vase med violer et spejd og et gammelt bord
der er en henrettelsespeloton som man aldrig får at se
der er et hus hvor man sætter sig ned uden at være der
der er et sted hvor ingen tør se hvem der er kommet
der er et stykke papir hvor på man skriver man er ingen.

THE REBEL'S DEATH CERTIFICATE

There is a house someone left many years back
there is a voice long ago that fell silent
there is a place one can always go back to
there is a spring filled with poppies and cherry tree leaves
there is a firing squad no one can see
there is a girl named Maria who can't be named anything else
there is a vase full of violets and a mirror and a table
there is a place where no one dares ask who has come
there is never anyone coming to write out the letter
there is never a letter for the one who asks there
there is no mention of the house that's not there
there is no house to abandon when you aren't even there
there is no place to go back to when you're no one
there is no one who can't be called anything but Maria
there is no firing squad that can't be forgotten
there is no broken mirror reflecting the leaves of the poppies
there is only a silent voice talking about all that is there
there is someone who's abandoned a house long ago
there is a girl named Maria who can't be named anything else
there is a vase full of violets and a mirror and a table
there is a firing squad one can never quite see
there is a house where one sits without being there
there is a place where no one dares ask who has come
there is a scrap of paper on which you have written you're no one.

ROSEN FRA LESBOS

Jeg har fået denne rose af en ukendt kvinde
da jeg var på vej ind i en ukendt by.
—Og nu da jeg har været i byen
sovet i dens senge, spillet kort under dens cypresser
drukket mig fuld på dens tavernaer
og set kvinden komme og gå og gå og komme
ved jeg ikke længere, hvor jeg skal kaste den fra mig.

Overalt hvor jeg har været, hænger dens duft.
Og overalt hvor jeg ikke har været
ligger dens visne blade sammenkrøllet i støvet.

THE ROSE FROM LESBOS

I got this rose from an unknown woman
on the road into an unknown town.
—And now that I've been to the town,
slept in its beds, played cards under its cypresses,
gotten drunk in its taverns
and seen the woman coming and going, going and coming,
I don't know how to let it go.

Its scent lingers everywhere I've been.
And everywhere I haven't been
its withered petals curl up in the dust.

BAKLAVA

Jeg føler mig utilpas i Athen, Istanbul
såvel som i Beirut. Folk der
synes at vide et eller andet om mig
som jeg aldrig selv forstod,
noget tillokkende og dødsens farligt
som den undersøiske gravgade
hvor vi dykkede efter amphoraer sidste sommer,
en hemmelighed—halvt anet
som udspioneret af gadesælgernes blikke
pludselig gør mig mit skelet
pinefuldt bevidst. Som om guldmønterne
børnene rækker frem mod mig
er blevet stjålet fra min egen grav
i nat. Og som om de ligegyldigt
har knust hver eneste knogle i mit hoved
for at få fat på dem. Som om
kagen jeg spiste for et øjeblik siden
var sødet med mit eget blod.

BAKLAVA

I always feel uneasy in Athens and Istanbul,
and the same way in Beirut, where people
seem to know something about me
I never quite understood myself—
something intriguing and dangerous,
like that submerged graveyard
where we dove for amphorae last summer,
a secret—half guessed
when the street vendors' glances
make me suddenly aware
of my own skeleton. As if the gold coins
the children shove at me
were stolen last night from my grave.
As if they'd crushed
every bone in my skull
to get at them. As if
the cake I just ate
was sweetened with my own blood.

VORES KÆRLIGHED ER SOM BYZANTIUM

Vores kærlighed er som Byzantium
må have været
den sidste aften. Der må have været
forestiller jeg mig
et skær over ansigterne
på dem der flokkedes i gaderne
eller stod i små grupper
på gadehjørner og torve
og talte lavmælt sammen
der må have mindet
om det skær dit ansigt har
når du stryger håret tilbage fra det
og ser på mig.

Jeg forestiller mig de ikke har talt
ret meget, og om ret
ligegyldige ting,
at de har forsøgt at tale
og er gået i stå
uden at have fået sagt hvad de ville
og har forsøgt igen
og opgivet det igen
og set på hinanden
og slået øjnene ned.

Meget gamle ikoner f.eks.
har det skær over sig
som ildskæret fra en brændende by

OUR LOVE IS LIKE BYZANTIUM

Our love is like Byzantium
must have been
on that last night.
I imagine
a glow around the faces
of those who flocked into the streets
and squares, and stood
on corners
talking softly,
like that glow
when you brush the hair back
from your face
and look at me.

They haven't really talked that much,
and not about anything
that really matters. I imagine
they've tried to talk
and given up
without saying what they wanted,
and tried again
and given up,
then finally looked at each other
and dropped their eyes.

Very old paintings, for instance,
have that glow about them
like the light of a burning city,

eller det skær kommende død
efterlader på fotografier af tidligt døde
i de efterladtes erindring.

Når jeg vender mig mod dig
i sengen, har jeg en følelse
af at træde ind i en kirke
der er blevet brændt ned
for længe siden
og hvor kun mørket i ikonernes øjne
er blevet tilbage
fulde af de flammer, der udslettede dem.

or the glow approaching death leaves
on the faces of the dead in photographs,
in the memories of those they left behind.

When I turn to face you
in bed, it feels
like walking into a church
that burned down
long ago,
where nothing remains but the dark eyes
of the saints, still lit
with the fire that destroyed them.

SEJLADS

Efter at have elsket ligger vi tæt sammen
og på samme tid med afstand mellem os
som to sejlskibe der nyder
deres egne linier i de mørke vande, de skiller
så intenst, at deres skrog
er lige ved at åbne sig af ren og skær fryd
mens de sejler om kap, ud i det blå
under sejl, som nattevinden fylder
med blomsterduftende vind og måneskin
uden at et af dem på noget tidspunkt
forsøger at sejle det andet agterud
og uden at afstanden mellem dem
formindskes eller forøges en smule.

Men der er andre nætter, hvor vi driver af sted
som to klart illuminerede luxuslinere
der ligger side om side
med maskinerne slået fra, under en fremmed stjernehimmel
og uden en eneste passager om bord:
På hvert dæk spiller et violinorkester
til ære for de lysende bølger.
Og havet er fuldt af gamle, trætte skibe
som vi har sænket i vores forsøg på at nå hinanden.

SAILING

After making love we lie next to each other,
and at the same time apart,
like two ships that love
the way their lines divide the dark water,
so intensely it seems
their hulls might split
with sheer delight
as they race out into the blue,
the night filling their sails
with flower-scented wind and moonlight,
neither trying to outpace the other,
the space between them
never lessening or growing.

But other nights we lie
like two glowing cruise ships
with their engines off, drifting side by side
under a strange constellation,
without a single passenger left on-board:
a violin quartet still playing on each deck,
in honor of the shining waves.
And the sea full of ancient wrecks we sank
in the battle to reach one another.

GESTUS

Jeg ville sælge mit fædreland
for dets smukkeste rose
og være landflygtig resten af mit liv
for at kunne se den for mig
i din hånd, end forårsaften som denne
når du bøjer dig over den
og plukker dens blade af, et for et
for ikke at komme til at se op.

GESTURE

I would sell my fatherland
for its most beautiful rose
and be a refugee the rest of my life
if I could only see it myself
in your hand, on a spring night like this one,
as you bow your head
and pluck its petals one by one
just to keep from lifting your eyes.

SMIL

Da jeg så dig i drømme
vendte du dig mod mig

med fingeren på læben
og hævede øjnebryn

smilende, inden du gik
videre på tåspidserne

gennem det forsømte
månelyse værelse

jeg pludselig forstod
skulle forestille mit liv.

SMILE

When I saw you in the dream
you turned towards me

with a finger to your lips
and your eyebrows raised,

smiling as you walked
on tiptoe

through the moonlit,
wrecked bedroom

that I suddenly realized
was my life.

TIL EN DØDSMASKE

du er et barn af din egen søvn og derfor søvnløs.
for din skyld finder vandrerne på glasbjergets skråning
aldrig hvile, fuglen finder aldrig tilbage til sin rede
og vinden i bedemøllen gentager dine ord i en uendelig
vuggevise som holder dig vågen. du er sat som en dør
i den åbning de drømmende går ind gennem når de vågner
men som du aldrig selv skal få lov til at passere.
du er et barn af dem som sover og for deres skyld
        selv evigt søvnløs.

TO A DEATH MASK

you are the child of your own sleep and so sleepless.
and it's because of you that travelers on the glassy mountain
never find peace, that the bird never finds its way back to the nest
as the wind in the prayer wheel repeats your last words in an unending
lullaby that keeps you awake. you are set like a door
in that portal the dreamers cross when they wake
but that you yourself can never pass through.
you are the child of sleepers, and for their sake,
        forever sleepless.

NÅR ET MENNESKE DØR

Når et menneske dør
bliver dets omgivelser tilbage:

Bjergene i det fjerne
kvarterets huse
og vejen som om søndagen
går over en træbro
lige inden den fører ud af byen.

Og forårssolskinnet
som lidt ud på eftermiddagen
når en hylde med bøger
og tidsskrifter, som uden tvivl
engang var nye.

Det er ikke spor mærkeligt.

Men det har ikke desto mindre
ofte undret mig.

WHEN SOMEONE DIES

When someone dies everything
else is left behind:

the mountains and the houses
in some distant county,
and that road that passes
on Sundays over the wooden bridge
before heading out of town.

And the spring sunshine
that in late afternoon
finally reaches the shelf of books
and magazines that must
also have once been new.

It's really not that strange.

But it still never ceases
to surprise me.

DAGE SENT I MARTS

Dage bevæger sig i én retning
ansigter i den modsatte.
Uophørligt låner de hinandens lys.

Mange år efter er det vanskeligt
at afgøre hvad der var dage
og hvad der var ansigter . . .

Og afstanden mellem de to ting
føles mere uoverskridelig
dag for dag og ansigt for ansigt.

Det er det jeg ser på dit ansigt
Disse lysende dage sent i marts.

LATE DAYS IN MARCH

The days move in one direction,
faces in the other.
Endlessly, they lend each other light.

Years later it's hard to say
which were days
and which were faces . . .

And the distance between the two
feels more impossible to cross
day after day, face after face.

That's what I see when I look into your face
these late, bright days in March.

TIL ET EUKALYPTUSTRÆ

1

Månen, vinden og eukalyptustræet:
Hver af de tre
er lige meget del af min drøm.

Men uden eukalyptustræet
ville drømmen ikke eksistere.

II

Stedet hvor drøm og virkelighed
overlapper hinanden:

Lyden af eukalyptustræets blade
der bevæger sig i vinden.

Tag tøjet af i månelyset
læg dig ind til mig

i skyggen af eukalyptustræet
hvor hjertet kender sin vægt.

III

Eukalyptustræet for enden af haven
i det sidste lys:

TO A EUCALYPTUS TREE

I

The moon, the wind, and the eucalyptus tree:
three equal
parts of my dream.

But without the eucalyptus tree
the dream wouldn't exist.

II

The place where the dream and reality
overlap:

The sounds of the eucalyptus tree's
leaves in the wind.

Undress in the moonlight
and lie down beside me

in the shadow of the eucalyptus tree
where even the heart knows its own weight.

III

The eucalyptus tree at the end of the garden
in the last light:

En af mange guder
som vi ikke har savnet før nu.

IV

Udsalg sidst i august, sommerens
forældede mode.
Gule blade, rådne blommer.
Augustlys på cement.
Alt skal ud. Eukalyptustræet
finder vej for mig i mørket.

V

Det blæser hårdt under stjernerne.

Eukalyptustræets blade
bevæger sig hastigt
og får træet til at stå stille.

one of the gods
we never knew we'd lost until now.

IV

On sale at the end of August: the summer's
out of date fashions.
Yellow leaves, rotten blossoms.
August light on cement.
Everything goes. In the dark,
I follow the eucalyptus tree home.

V

The wind blows hard under the stars.

Every leaf fluttering wildly
to help the Eucalyptus tree
somehow stand still.

AFTENSOL

På alle mure faldt aftensolen.
På en eneste hvid mur.
På tunge, rustne hængsler
der engang havde været grønne
stod døren åben
ind til mørket.

"Hej" råbte jeg, så det genlød
i hele dalen
og en krage fløj skrigende op.
Det var ingen andre end dig
der ikke svarede
i hele verden.

AFTERNOON SUN

Of all the walls, the afternoon sun
fell on a single white one.
On heavy, rusted hinges
that used to be green,
a door stood open
in the dark.

"Hello," I called, so it echoed
across the whole valley
as a crow flew up with a cry.
In all the world
no one but you
didn't answer.

fra
HÅNDENS SKÆLVEN IN NOVEMBER

Året har 16 måneder: November
december, januar, februar, marts, april
maj, juni, juli, august, september
oktober, november, november, november, november.

✦

Ved Sultanens hof var jeg ikke mundskænk
men en af dem, der vaskede gæsternes fødder.
Jeg så, hvor de andre havde gået, og så
derfor aldrig op på andet end stjernerne.

✦

Hver af de ting, jeg har spildt mit liv med
har et navn. En hed Maria, en anden skohorn.
Marie døde. Skohornet ledte jeg efter i fire timer
på et snavset hotelværelse i Istanbul.

✦

De som påstår, at Verden og Gud er et
har aldrig set grundigt på en tandbørste!
De tandløse ved dette. De sidder
rundt om i Verden og rækker tunge ad Gud.

✦

from
THE HAND'S TREMBLE IN NOVEMBER

The year has 16 months: November,
December, January, February, March, April
May, June, July, August, September
October, November, November, November, November.

✦

I wasn't the Sultan's cup-bearer
but one of those who washed the guests' feet.
I stared at where they'd walked, and never looked up
at anything but the stars.

✦

Each thing I've wasted my life on
has a name. One was called Maria, another shoehorn.
Maria died. And the shoehorn I spent hours trying to find
in a filthy hotel room in Istanbul.

✦

Those who argue that God and the World are one
have never looked very hard at a toothbrush!
The toothless know this. All over the world
they sit, sticking their tongues out at God.

✦

Du, som jeg elsker, og som tror
at jeg elsker en anden.
Jeg elsker dig så intenst i denne tid
fordi jeg har forelsket mig i en anden.

٭

Martha, Luisa, Conchita, Gülbahar!
Jeres børn kunne have været mine.
Nu er I selv bitre, midaldrende kvinder
og de gør militærtjeneste under hver sit flag.

٭

Foran de bombede huse varmer de sig ud
ved bål stablet op af de senge hvor de engang sov
og elskede. Børnene som blev undfanget der
er ude i gaderne, med maskinpistoler i hænderne.

٭

Dette kranium er engang blevet født af en kvinde.
Men det er dets bærer, der har formet det, som det er.
Gennem de tomme øjnehuler kan man endnu se
viljen som holdt det oprejst, da bøddelsværdet blev svunget.

٭

Vi ejer ikke udtryk for noget, der i dag kan siges
mere specifikt end det kunne

You, whom I love,
are certain that I love another.
I love you so intensely this time
because I have fallen in love with another.

◆

Martha, Luisa, Conchita, Gulbahar!
Your children could all have been mine.
Now you yourselves are bitter, middle-aged women
and they're all enlisted, each under a different flag.

◆

In front of the bombed houses they make a bonfire
out of beds in which they once slept
and made love. The children conceived there
all out in the street with machine guns.

◆

This skull was born from a woman.
But its owner made it what it is.
Between the empty eyeholes you can still see the will
that held it upright, as the sword came down.

◆

We don't have an expression for anything
that can't be said just as precisely

på oldbabylonsk, hittitisk eller protokinesisk:
Månen set gennem støvregn. Om du havde været her.

✦

Også du, Khayyam, min hjerteven, min vejleder
har nok opsøgt alle de offentlige lokummer, du kunne
og studeret graffitien med samme interesse
som Khorasans digtekunst, matematikken og stjernerne.

✦

Engang var jeg sultan. Mit harem bestod af kvinder
jeg ikke havde tal på, men jeg elskede kun den grimmeste.
Hun sang for mig, skænkede min vin op
og tørrede mine tårer bort, når jeg havde afsagt en dødsdom.

✦

Søg ingen sandhed her. Disse digte er håndens værk
som den bevægede sig nogle dage i november, eller skælvede
påvirket af sin ejers humør, kaffe, cigaretter, vin
skyerne over dalen, venners død og meddelelser om krige.

in Old Babylonian, Hittite, or Proto-Chinese:
The moon seen through a drizzle. If you had been there.

✦

And you too, Khayyam, my friend, my mentor,
who tracked down every public toilet in town
and studied graffiti as intensely
as the Khorasans studied poetry, mathematics, the stars.

✦

I once was a sultan. I had a harem
of countless women, but loved only the ugliest,
who sang for me, poured wine for me,
and dried my tears, whenever I pronounced a sentence of death.

✦

Don't look here for the truth. These poems are the work
of a hand that moved a few days in November, trembling
with the mood of its owner—with coffee, cigarettes, wine,
clouds over the valley, friends dead, and reports of the war.

[DE TING, JEG SKRIVER NED]

De ting, jeg skriver ned på små afrevne lapper papir
kan jeg aldrig huske og lapperne mister jeg altid.
I den og den gade, siger jeg, boede den og den.
De ting, jeg glemmer at skrive ned, glemmer jeg aldrig.
Således skiller jeg det konkrete fra det abstrakte.
Jeg tænker ikke på blomster, men på hver enkelt blomst
og ikke på mennesker, men på de ansigter, jeg så.
Dem, vinden tog, er mig ligegyldige: I de andres
øjne møder jeg nu og da et anklagende udtryk
som om også de så det skilt, hvor bogstaverne mangler.

[I CAN NEVER REMEMBER THINGS I WRITE DOWN]

I can never remember things I write down
on loose scraps of paper, and lose them all anyway.
Some-somebody lived, I say, on some-something street,
though I never forget what I forget to write down.
Which is how I distinguish the abstract from the concrete.
I never think about flowers, but of every last flower.
Not of people, but all the faces I've seen.
Even those the wind took long ago:
in the eyes of other people I've sometimes
seen that same wary look, as if they too were trying
to read a sign that's lost half its letters.

HØSTMÅNE

Vinteren var hård, foråret forsinket og sommeren grå.
Nu ser jeg flagermusene kaste sig ud mod høstmånen
der står lav og rød over den skumrende bøgeskov
    hvor jeg legede skjul i min barndom.

Mine forfædre talte polsk, spansk og sikkert tysk.
På dansk lærte jeg at blive væk. Og lidt efter
skrev jeg dette på et sted ved navn, Söğütözü
    en busholdeplads lidt uden for Ankara.

HARVEST MOON

The winter was hard, the spring overdue, the summer slate gray.
Now I watch the bats fling themselves at the moon
that hangs low and red over the darkening beech trees
    where I played hide-and-seek as a child.

My ancestors spoke Polish, Spanish, and probably some German.
I learned how to vanish in Danish. And soon thereafter
I wrote this in a place called Söğütözü,
    at a bus stop outside of Ankara.

DISTRAKTION

Jeg stak papirslappen med dit navn og din
    adresse i lommen
inden jeg gik ud for at købe et frimærke
lagde nøglerne til min lejlighed
    oven på brevet
for at det ikke skulle blive revet bort af
    trækken i soveværelset
og smækkede tankeløst døren i efter mig.

Mens jeg stod på gaden og forgæves ledte
    efter nøglerne
må jeg i distraktion have revet papirslappen
    op af lommen
for da jeg efter meget besvær var kommet ind
    gennem vinduet
ledte jeg længe, inden jeg kom i tanker om
    lommen og fandt den tom.

O, navnløse elskede!
Jeg kan hverken huske, hvad du sagde til mig
    du hed
eller glemme dit ansigt og dine øjne.
Ikke engang duften af dig er tilbage
    i den uredte seng
og selv om værelset er tomt, kan jeg ikke
    løsrive mig fra det.
Hvad skal jeg nu med brev, frimærke
    og nøgler?

DISTRACTION

I shoved the scrap of paper with your name
     and address into a pocket
before I went out to buy a stamp,
and set the keys to my apartment
     on top of the letter
so it wouldn't get swept off
     by the breeze in the bedroom,
then absent-mindedly let the door close behind me.

As I stood in the street and looked in vain
     for the key
I must, in my distraction, have pulled the scrap
     out of the pocket,
for when I finally made it in
     through a window,
I searched and searched before I remembered the pocket
     and found it, now, empty.

O, nameless beloved!
I can neither remember what you said
     your name was,
nor forget your face and your eyes.
Not even the faintest scent of you
     is left in the unmade bed
and though the room is empty now, I can't
     bring myself to leave.
What am I supposed to do now with the letter,
     and the stamp, and the key?

PRAGMATA

De ting, som var her før din død
og de ting, der er kommet efter:

Til de første hører først og fremmest
dit tøj, smykkerne og fotografierne
og navnet på hende, du var opkaldt efter
og som også døde ung.
Men også et par kvitteringer, indretningen
af et bestemt hjørne i stuen
en skjorte, du strøg til mig
og som jeg gemmer, omhyggeligt
under bunken af skjorter
visse stykker musik, og den skabede
hund, der stadig stiller sig op
og griner dumt, som om du var her.

Til de sidste hører min nye fyldepen
en velkendt parfume
på huden af en kvinde, jeg knap nok kender
og den nye pære, jeg satte i sengelampen
i hvis lys jeg læser om dig
i hver bog, jeg forsøger at læse.

De første minder mig om, at du var
de sidste om, at du ikke længere er.

Det er denne næstenforskelsløshed
jeg finder det vanskeligst at bære.

PRAGMATIC

Things that were here before you died
and things that came after:

The former includes, above all, your clothes,
plus your jewelry and photographs
and the name of that woman you were named for,
who also died young.
Plus some receipts, the arrangement
of that corner in the living room,
that shirt you ironed for me,
which I keep tucked
under a stack of T-shirts,
plus certain songs, and the mangy
old dog that still stands around
smiling stupidly, as if you were here.

The latter includes my new fountain pen,
the familiar perfume
on the skin of a woman I hardly know,
and the new light bulb I put in the lamp by the bed,
by whose light, in every book that I read,
I read about you.

The former remind me that you once were,
the latter that you no longer are.

And what I find almost too much to bear
is this nearly imperceptible difference.

NÆR LEFKAS

Flimrende står lyset in sin søjle, som intet bærer.
Alt forvandler den ved mindste berøring til salt.
Jeg bad om en skygge, og du gav mig et søm
      langt, rustent og forvredent.
Jeg bad dig om en seng, og du gave mig en vej
der skar dybere I mine fødder, jo højere den steg.
Jeg bad om vand, og du gav mig bitter vin.
Jeg drak af et irret krus under mørke ikoner
jeg bad om at dø, du gav mig guld for at blive
jeg bad om en historie, og du gav mig min egen.
Op af vandet løfter Grækenland sine kantede sten
så vi ser og takker og fortryder at have set.
Et århundrede i dødsriget koster hver dag os her.

NEAR LEFKAS

The shimmering light rises in a column, born up by nothing.
At the least movement it changes everything to salt.
I asked for a shadow and you gave me a nail:
      long, rusty, and bent.
I asked for a bed and you gave me a road
that cut deeper into my feet the steeper it rose.
I asked for water and you gave me bitter wine.
I drank from a tarnished cup under dark icons.
I asked to die and you gave me gold to keep going.
I asked for a story and you gave me my story.
Out of the water Greece lifts its sheer stones
so we see them and give thanks and repent what we've seen.
Every day here costs a hundred years in the kingdom of death.

ET LIV

Du strøg en tændstik, og dens flamme blændede dig
så du ikke kunne finde, hvad du søgte i mørket
før den brændte ud mellem fingrene på dig
og smerten fik dig til at glemme, hvad det var.

A LIFE

You struck a match, and the flame was so blinding
you couldn't find what you were looking for in the dark
before the matchstick burned down to your fingers
and the pain made you forget what you'd lost.

I EN MIDDELHAVSHAVN

Jeg ved ikke, hvad der er det vigtigste:

Den bitre kaffes krydrede sødme
blandet med smagen af morgenens første cigaret
eller lugten af fisk og nymalede både.
De falmede kjoler på snoren mellem de blomstrende
mandeltræer
eller bjergene, som fremhæver dem . . .

Nej, ingen af delene, men dem alle sammen tilsammen
røber at jeg har udeladt noget

og at dets nærvær vil pine mig resten af mit liv
fordi jeg overså det, mens det var der.

IN A MEDITERRANEAN HARBOR

I don't know which is more essential:

    the bitter coffee's spicy sweetness
mixed with the taste of the day's first cigarette
      or the smell of fish and fresh-painted boats.
The faded dresses on the line between blossoming almond trees

    or the mountains against which I see them . . .

No, it's not any one part, but the whole thing together
      that makes it clear I've left something out

and must suffer for the rest of my life the pain
      of having missed it, while it was there.

fra
GUDS HUS

Guds hus ser ikke ud af meget:
Nogle ujævne, hvidgule mure,
som kalken er faldet af i flager,
skodder, der svinger i vinden
grønmalede engang, grålige nu
og over murene et tegltag,
der synes at holde murene inde
som murene holder taget oppe.

Et hus på vej til at blive en ruin
omgivet af en vildtvoksende have,
der vandes af cisternerne under huset
som fylder huset med et ekko af sommeren,
efterhånden som sommeren tømmer cisternerne
—et ekko som kan få huset til at styrte sammen,
hvis det bliver højere end lyden af vinden.

At leve i Guds Hus er en streng disciplin
der renser dig, hvis du overholder den
—med den støvede sved, du må lade sidde på din krop,
tørsten, du aldrig kan tillade dig at slukke helt
og feberen, som skænker dig disse billeder
gennem dråberne, du må give afkald på,
usikkert skarpe som luftspejlinger eller kælvende isbjerge.

+

from
GOD'S HOUSE

God's House may not look like much:
with its crooked, pale-yellow walls,
its plaster falling away in big flakes,
and its green-gone-to-gray shutters
swinging in the wind,
and above the walls a tile roof
that seems to hold up the walls
as much as the walls hold up the roof.

A house on its way to ruin,
surrounded by a garden grown wild,
fed by cisterns under the house
that fill it with the echo of summer,
as summer empties its cisterns
—an echo that could make the whole house collapse
if it ever gets louder than the sound of the wind.

To live in God's House takes great discipline
and purifies you, if you can stand it
—with the dusty sweat you must let bead on your body,
the thirst you can never allow yourself to quite quench,
and the fever, that gives you these visions
through the drops from which you abstain,
uncertain and sharp as mirages, as calving icebergs.

♦

En ven spurgte mig om vejen
til Guds Hus.
Jeg trak på skulderen og sagde:
—Spørge værtinden.
Hvis han havde taget mig alvorligt,
ville han have været der
med det samme.

＋

All veje føjer til Guds Hus
men ikke på samme måde.
Hvis du går mod syd, ender du i nord,
hvis du går mod øst, ender du i vest,
hvis du går opad, ender du nede
og hvis du går nedad, oppe.

Deraf følger dog ikke
at du kommer der blot ved at blive.
Matematik er for datamater.
Guds Hus er for vand,
figentræer, slanger og æsler
og folk som har fået evnen

til at le ad det indlysende.

＋

Da jeg gik ind på kirkegården
bag ved Guds Hus,
steg graveren op af en grav

A friend asked me how to get
to God's House.
I touched his shoulder and said
"Ask the landlady."
If he'd taken me seriously,
he'd have been there
in an instant.

✦

All roads lead to God's House
but not in the same way.
If you walk south, you go north,
if you walk east, you go west,
if you go up, you come down
and if you go down, then up.

But none of this means
you can get there if you simply stand still.
Mathematics is for machines.
God's House is for water,
fig trees, snakes and mules,
and people who've learned

how to laugh at the obvious.

✦

When I went into the cemetery
behind God's House,
the gravedigger stood up in a grave

og forskrækkede mig.
Men graveren smilede
og sagde beroligende:
—Det er ikke dig selv
du ser. Det er mig
som stiger op af min grav.
Men hvis du giver mig
en cigaret, skal jeg vise dig
din grav. For to cigaretter
skal jeg begrave dig
og for tre lade dig stige op af graven.

✦

Det er vanskeligt at bo
i Guds Hus.
Mange trapper
må vi op ad
hver eneste dag
for at få brød og vin på bordet.

Deres rækkefølge
er et ritual
mere og mere
utåleligt at overholde
og mere og mere
umuligt at undgå, dag for dag.

Gud ved, hvad Gud gør.

✦

and scared me half to death.
But he just smiled kindly
and said:
It's not you
you're looking at. It's me,
standing in my own grave.
But if you'll give me
a smoke, I'll take you
to yours. For two smokes
I'll bury you,
and for three let you rise from the dead.

✦

It's not easy to live
in God's House.
We have to climb
many steps
every day
to put bread and wine on the table.

The order of the steps
is a ritual that gets
harder and harder to keep up
and more and more
impossible to avoid, every day.

God only knows what God does.

✦

Der er 999 trin
op til Guds Hus.
(De trinløse klipper
ikke regnet med).
Og hvert af dem
har navn
på en bestemt lidelse.
Hvis du tænker
på trinene,
får du aldrig kræfter nok
til at nå derop.
Hvis du bestiger dem
med et barn i armene
og tænker på udsigten,
mærker du ikke trinene
og bliver ligeglad med udsigten.

    ✦

Jeg tror på tilfældet

der ophæver alle
tilfældighederne:

Dagen i rækken af dage
der ophæver rækken

og det tilfældige
smil i drømme

There are 999 steps
up to God's House.
(Not even counting
the stepless cliff face).
And each one
is named for an exact
kind of suffering.
If you think
of the steps
you'll never have enough strength
to get to the top.
If you climb them
with a child in your arms
and take in the view
you won't even notice the steps, and soon
won't give a damn for the view.

✦

I believe in the accident

that makes nothing
accidental:

The day in a string of days
that breaks the string

and the accidental
smile when one dreams,

der gør drømmen
til virkelighed

og virkeligheden
til tilfældet.

+

Om aftenen blander cisternerne sig
i vortes samtaler på terrassen:
Ord vender tilbage som ekko
i sammenhænge, hvor de får en ny
og foruroligende betydning.
Hele sætninger forvanskes helt.

For mange ukendte faktorer
griber ind i grammatikken
til at grammatikken kan virke,
og ikke engang huset
kan længere fungere som tilflugt
for så mange hviskende beskyldninger.

Det er blevet til et havareret
dybhavsundersøgelsesskib
styret af et system af tanke
vi ikke forstår: Hvert forsøg
på at få det til at stige
trækker os længere ned i dybet.

which makes the dream
reality,

and reality
the accident.

✦

At night the sound of the cisterns
blends with our talk out on the terrace:
words come back as a series of echoes,
which gives them new
and unsettling meanings.
Whole sentences get garbled completely.

Too many random factors
come into play
for the grammar to work,
until the house doesn't even
feel like a refuge anymore,
it's so full of whispered accusations.

It's become a shipwrecked
deep-sea research submarine
steered by a system of tanks
we don't understand: every attempt
to get it moving again just
drags us down further into the depths.

Og selv stjernerne over huset
ligner sorte huller
i et uudholdeligt klart univers.

*

Sine et modent granatæble
for den tørstende
var vores kærlighed i Guds Hus:
En hård, blank skal.
Fuld af sød, rød saft
umulig at drikke
uden at komme til at knuse
de bitre kerner i den.

*

Guds Hus har tre cisterner:

En med vand til vores indre,
en med vand til vores ydre
og en med vand til vores træer.

Jeg har kun to:
En med klart
og en med grumset vand.

Og de er forbundet med hinanden
på en måde jeg ikke forstår.

And even the stars over the house
look like black holes
in an unbearably bright universe.

*

Like a ripe pomegranate
to the thirsty
was our love in God's House:
A hard, shiny skin.
Full of sweet red juice
impossible to drink
without crushing the bitter
kernels inside.

*

God's House has three cisterns:

One with water for inside.
One with water for outside
and one with water for the trees.

I have only two:
one with clear water
and one with dirty.

And they're connected to each other
in a way I've never understood.

Jeg ved ikke, hvornår jeg er oppe
og hvornår jeg er nede
og specielt ikke
om jeg er oppe, når jeg er nede
eller nede, når jeg er oppe.

Hvordan skal jeg rense mig
for dig, min elskede?

✦

I Guds Hus var vi voks
i hinandens hænder,
til vokset smeltede
og vi stod med hænderne tomme,
de påsmurte farver
der havde givet vores ansigter træk
flydt ud i støvet,
fjerene spredt for vinden
og glasset i vores øjne
trådt i stykker
mellem metalstykkerne,
der havde været vores hjerter
og som lå i et hjørne
og skinnede i vinterlyset
hen mod slutningen af august.

✦

I don't know when I'm up
or when I'm down
and especially not
if I am up when I am down
or down when I am up.

How, then, shall I cleanse myself
for you, my love?

✦

In God's House we were wax
in each other's hands,
until the wax melted
and we stood with our hands empty,
the smeared-on colors
that had given our faces features
floating in the dust,
feathers scattered on the wind
and the glass in our eyes
crushed to pieces
between the metal parts
that once had been our hearts
and which lay in a corner now
and shined in the winter light
there, at the end of August.

✦

Vand er vand.

Men disse bjerge
kommer først til deres ret
set gennem et glas
fuldt af det vand
der faldt på dem
i løbet af vinteren
og siden er blevet opbevaret
omsorgsfuldt i cisterner
for at blive drukket
en hed sommeraften som denne.

Jeg som intet tror
ved, at dette vand er helligt.
Den som drikker det
ser sig selv fra bjergene

det har døbt.

✦

En samtale om træer
er kun en forbrydelse,
når træerne ikke taler med
og aften kun afslutning på en dag
når det svindende lys ikke
efterlader visse ting uafklarede.

Vinden ved dette,
når det blæser gennem

Water is water.

But these mountains
first become clear
seen through a glass of water
that fell on them
in the course of the winter,
that has since been stored
in the cisterns,
waiting to be drunk
on some hot summer
evening like this.

I, who believe nothing,
know that this water is holy.
Whoever drinks it
can see himself

from high in the mountains it baptized.

✦

A conversation about trees
is a crime
unless the trees join in too,
and evening just the end of a day
if the fading light doesn't leave
certain things unexplained.

The wind knows this,
when it blows through

eukalyptustræernes blade
og stjernerne gør det indlysende,
at min hånd og mit hjerte
kun er skygger af hinandens skælven.

✦

De som boede i Guds Hus
før vi flyttede ind
er enten døde eller i fængsel.

Af flagermusvinger,
fiskeben, rotteblod
og edderkoppeknogler
skaber jeg dem om til dukker,
så de kan flygte
ud af deres karbidlamper.

Og med et orkester
hvis instrumenter
er bygget af cikademumier
og guldsmedevinger
limet sammen med gekkospyt
fører jeg dem over bjergene
usynlige for alt andet
end sneen på højeste tinder.

✦

Mine døde venner kom op til Guds Hus
og bad om et stykke prosa,

the eucalyptus tree's leaves
and the stars make it obvious
that my hand and my heart
are only shadows of each other's trembling.

✦

Those who lived in God's House
before we moved in
are all dead or in jail.

From batwings,
fish bones, rat blood
and spider skeletons
I make puppets of them
so they can fly
out of their carbide lamps.

And with an orchestra
whose instruments
are built out of mummified cicadas
and dragonfly wings
and glued together with gecko spit
I lead them out over the mountains
invisible to all but the snow
on the highest peaks.

✦

My dead friends came up to God's House
and asked me for a little prose

en beskrivelse af alle de nætter
vi havde tilbragt sammen
med at fortælle historier og drikke vin,
alle vittighederne og latteren
og kærligheden under ordene.

Jeg skjulte mit ansigt i hænderne,
og de forstod og to mine hænder
i deres og sammen gik vi op ad vejen
der forsvandt bag bjergene
og kom til syne igen lidt højere oppe
og forsvandt igen og kom til syne.

Til dens sving og skiftende udsigter
havde gjort tårer meningssløse,
dens stigning samtaler overflødige
og dens ophør mellem røde klipper
gult græs og lave bjergfyrre
havde forenet os i lyden af bækkene,
de iskolde smeltevandsbække
med den rensende lyd af erindringen
om den brændende sne på bjergenes tinder.

describing all the nights
we'd spent together
telling stories and drinking wine,
all the jokes and laughter
and our love beneath the words.

I hid my face in my hands
and they understood, and took my hands
in theirs, and together we walked up the road
that vanished behind the mountains
and came back into view a little higher,
and disappeared again, and came into view.

Until its curves and shifts
made tears meaningless,
till its steepness had stopped our conversation,
till its end among the red rocks,
golden grass, and scrub pines
had brought us together in the sound of the brook,
the ice-cold snow-melting brook
with its pure memory
of a burning snowstorm at the summit.

FROM
DREAMBRIDGES
(1998)

DRØM OM FORTVIVLELSE

En støvet sky gik for solen
og lagde bjergsiden ned
til et vinterleje
for min elskede
og hendes elsker.

En bro gungrede under mine fødder
men mine skridt
havde ingen retning.

Der var lige så langt over broen
som jeg var kommet fra min barndom.

Så døden måtte findes
et sted mellem mig og de grå pile
på den modsatte bred.

Det hele varede mindre end et minut
men resten af verden.

DREAM OF DESPAIR

An ashy cloud hid the sun
and made the mountainside
like a winter bed
for my beloved
and her lover.

A bridge rumbled underfoot
but walking and walking seemed
to get me nowhere.

It was just as far to cross the bridge
as I had come from childhood.

So Death had to be
somewhere between me and the gray willows
on the other side.

The whole thing took less than a minute
and the rest of the world.

TRE BLOMSTERDIGTE

1.

Da jeg så op, var regnen standset.
Solen ramte en gren med hvide mandelblomster
så jeg blev blændet
og hældte kaffen ud over de ubesvarede breve.

2.

Hvide blomster og sorte frøer
deler forårsnatten mellem sig:

Jeg kan ikke sove
og fordi jeg ikke kan sove
kan jeg ikke sove.

Af samme grund
kan jeg heller ikke flyve
og således heller ikke bringe dig

den blomstrende gren
før den er blevet grøn.

At den samme måne
desuden ikke skinner
ned på din by
på samme måde som den gør på min

THREE FLOWER POEMS

1.

When I looked up, the rain had stopped.
The sun struck a branch of white almond **flowers**
so I was blind
and sloshed coffee all over the unanswered **letters.**

2.

White flowers and black seeds
divide the spring night between them:

I can't sleep
and because there's no way to sleep
I'm not sleeping.

Nor, for the same reasons,
can I fly
or bring you

the blossoming branch
before it's green.

And besides,
that the same moon doesn't shine
down on your city
the way it does on mine

ved du nu, hvor du ser den
skinne som her.

3.

Æbleblomsternes lysregn
størknede som tin

og haven blev flad.

Efter de langsomme år
kom de hastige.

Jeg åbnede en skuffe
og blev ked af det.

you know by now, as you watch it
shine like here.

3.

The apple blossom's light rain
solidified like tin

and the yard grew flat.

After the slow years
came the fast.

I opened a drawer
filled with regret.

DRØM OM PANTEFOGED

Pantefogeden mødte op med en politibetjent og en læge
og et klodset apparat, som jeg var lidt længe om at fatte
var et transportabelt operationsbord.
De bedøvede mig ikke, det var der ikke råd til, sagde de.
Hver gang de skar noget af mig, blev der sat en streg
over en af mine gældsposter på listen, de havde medbragt.
Øjnene var det næstsidste. Så var der kun hjertet tilbage.
"Jeg beklager meget, sagde pantefogeden
og jeg bilder mig in, at jeg i hans stemme kunne spore
noget der mindede om medlidenhed, "men De skylder endnu
en held del, så vi bliver nødt til at tage hjertet."
Den smerte er den værste jeg nogensinde har oplevet
en smerte man ikke skulle tro, man kunne føle i drømme.
Det gjorde lige så ondt, som når jeg tænker på dig
og bliver grebet af rasende, syg, genstandsløs jalousi.

DREAM OF THE BAILIFF

The bailiff appeared with a policeman, a doctor,
and this clumsy apparatus that I realized, too late,
was a portable operating table.
They said they couldn't afford to put me under,
and every time they cut something off, they'd draw a line
through one of my debts on the list they had brought.
My eyes were next to last. Then there was nothing left but the heart.
"I sincerely regret," said the bailiff,
and I thought in his voice I detected a trace
of something almost like regret, "that you still owe
a great deal, so we have no choice but to cut out your heart."
It was the worst pain I've ever known,
a pain you wouldn't believe could happen in a dream.
It hurt exactly as much as when I think of you
and am seized by raging, sick, and aimless jealousy.

DRØM OM STRAF

Reglerne var strenge, straffene frygtindgydende:
Drømte man om køer, kostede det
3 dages straffearbejde i et stenbrud uden skygge
og for heste fik man 5.
Den der drømte om det hvide tårn ved søen
skulle kaste sig ud fra tårnet
og løve 12 gange rundt om søen.
Og sådan var der så meget.
Sex var uhørt. Gjorde man det
kom man til et sted, der hed Maskinhallen
hvorfra jeg heller intet husker
så det må have været endnu mere forbudt.
Sporvogne kørte der i ét væk
altid med lys på, og altid med ringende klokker.
De synes at have været en slags vogtere
selv om det var engle, man først kom til at tænke på.
Men sagde man det, fik man hovedet savet af.
Det værste var det, de kaldte for Videnskaben:
At regler og straffe kunne bytte om på hinanden
så præcist at smerten
altid faldt på det sted og det tidspunkt
hvor man netop huskede, hvordan det sidst havde været.

DREAM OF PUNISHMENT

The rules were strict, with frightening punishments:
if you dreamed of cows it cost
3 days hard labor in a sun-baked quarry.
Horses got you 5.
And if you dreamed of a white tower by a lake
you had to throw yourself from the tower
and run 12 times around the lake.
And so on, in a thousand different ways.
Having sex was unheard of. And if you did
they took you to a place called the Machine Room
of which I remember so little,
it must have been even more forbidden.
Streetcars drove around incessantly
with their lights ablaze, bells clanging.
They were kind of like guards,
though at first it made me think of angels.
But if you said that they'd cut your head off.
The worst was what they called the Science of it:
that rules and punishments could be interchanged
so precisely that the pain
always arrived in exactly the place, and at that moment,
when you remembered: how things used to be.

PÅ ISRAELS PLADS

Jeg ville ønske, du aldrig var kommet
så natten heller aldrig var gået.

Og jeg ville ønske, du ikke var blevet
så morgenen heller aldrig var kommet.

Jeg ville ønske, det aldrig blev sommer
så sommeren altid var på vej.

IN ISRAEL SQUARE

I wish you never had come
so the night could never have gone.

I wish you never had stayed
so morning could never have come.

I wish it had never turned summer
so summer was always on its way.

SOLHVERV

Ved midvinter faldt solen så lavt
at man kunne se ud
under alle verdens porte.

Savværket over dalen gik i stå
så det flængede
barndommens mørnede tapeter.

Jeg gik ind i fyrreskoven
som en jeg havde kendt flygtigt
og kunne glemme
lige så let.

En faldende dråbe oplyste mørket
og brændte hul i tæppet af grannåle.
Det lød som skridt i et sakristi
kort før en dåb.

SOLSTICE

The sun fell so low at midwinter
you could see it
under every doorway in the world.

The sawmill across the valley shrieked
to a halt that tore
through my childhood's crumbling wallpaper.

And as I walked through the woods,
like a place I hardly knew
and would just
as easily forget,

a falling drop lit up the dark
and burned a hole in the carpet of pine-straw—
with a sound like footsteps in a sacristy
just before a christening.

DRØM OM SPORVOGN

Hvad betyder det at se en sporvogn i drømme?
Min psykiater siger en ting, min astrolog en anden.
Skal jeg rejse eller dø, forsones eller befris?
Jeg ved blot, at dette grimme gule monster af stål
hvis sang torterede mine trommehinder hver eftermiddag
nu en menneskealder senere igen er ude at slingre
hensynsløst og vildt, langt borte fra den borgerlige orden
der herskede, dengang dens håndhævere
hed politibetjente og kørte ubevæbnet rund på cykel.
Hvad vil den her? Hvor den kommer er det skumring.
Dens farve er unik som noget fra et fjernt kontinent
dette sprog først om 100 år skal få ord for.
Og dog hører den til fortiden, og er fuld af afdøde
når den ikke bare tom og strålende oplyst
kører i havnen efter at have raseret villavejene.
Så måske skal jeg endnu en gang blot have bekræftet
det som jeg anede helt tilbage fra min fødsel:
At jeg havde været her mange gange før og skulle komme igen
og uanset hvor, uønsket, ugerne og på præcis samme sted.

DREAM OF STREETCARS

What does it mean to see a streetcar in a dream?
My psychiatrist says one thing, my astrologer another.
Am I about to die or travel, to be delivered or redeemed?
All I know is that this yellow monster made of steel
whose song once split my eardrums every afternoon,
is now, a lifetime later, lurching wild and recklessly,
far from how it used to be, when a bike-riding,
unarmed constable enforced the bourgeois order.
What does it want here? When it comes it's always dusk.
It's the color of something from a lost continent,
that we'll have a word for in a hundred years.
And yet it comes out of the past, carrying the dead
when it's not empty and radiantly lit up,
rolling into the station after barreling through the village streets.
And so, perhaps, I must once again accept
what I used to suspect about my birth:
that I had been here many times before and would come again
regardless of how unhappily, unwillingly,
and to exactly this same place.

DRØM OM HENRETTELSE

Jeg sluttede mig til en kø af mennesker
der præcis som jeg selv
først for sent opdagede
at de stod i kø for at blive henrettet.
Indtil da havde stemningen ellers været fin.
Historier og vittigheder var blevet udvekslet
smøger uddelt og flasker gået på omgang
og vejret var strålende
hverken for varmt eller for koldt.

Over for bøddelen påpegede jeg:
Det var mig, der var opfinderen
af det apparat, han brugte
og jeg kunne endda fremskaffe patentnummeret
hvis han bare ville lade være.
Men det hjalp ikke det mindste.
Mit hoved kom af
hvorpå jeg stod lidt og så på
hvordan de der havde været bag mig i køen
fik deres hoveder fjernet.
Hver nyligt henrettet udbrød det samme
som også havde været mine
første ord i det hinsides:
"Hvordan kan man dog være så dum!
Hvordan kan man dog være så dum!"

Således fik jeg i en drøm
med vinduet på vid gab ud til nattergalene

DREAM OF EXECUTION

I stood with a big group of people
who, just like me,
had realized too late
that we were waiting in line to be killed.
Until then everything had been lovely:
we told jokes and stories,
passing cigarettes and bottles around,
and the weather was just gorgeous,
never too hot or too cold.

When I reached the executioner I noticed
that I myself had invented
the machine he was using,
and if he'd have left me alone for a minute
I might even have made out the patent number.
But that didn't change a thing.
He chopped my head off, at which point
I just stood there, watching
as those behind me in line
got their heads lopped off too—
the newly-executed all shouting the same thing,
which had also been
my own first words in the hereafter:
"How could I have been so stupid!
How could I have been so stupid!"

Which is how, in a dream,
with the windows open to the nightingales

og et stearinlys brændende på natbordet
i helt klare billeder illustreret
menneskets situation.

and a candle burning on the nightstand,
I got a perfectly clear sense
of our real situation.

KALKMALERI

Jeg var næsten faldet i søvn
da en sort følelse
sprang in mellem de hvide
der lige var begyndt at tage form.
Den var voldsom som et jordskælv
men mere vedholdende.
Alt stivnede. Alt krakelerede.
Mit liv blev til et kalkmaleri.

Et tusindårigt fangenskab
lå bag mig
da jeg igen kunne bevæge mig.

Hvad gør det, om du ligger
i en andens arme?

Jeg skal væk alligevel.

Uden for dette mørke, muldede rum
løber der vand i solen.
Blanke skove går ud i havet

og om aftenen
flirter de unge på broerne.

FRESCO

I was almost asleep
when the black feeling rose
between the still-forming
white ones.

It was like an earthquake,
but sustained.
Everything stiff. Everything crackling
as my whole life hardened into a fresco.

A thousand years in prison
lay behind me
by the time I could move again.

What does it matter if you lie
in the arms of another?

I'll be gone.

Outside this dark, moldy room
water flows in the sunshine,
shining woods line the shore,

and at night young lovers
flirt on the bridges.

I nat skal min søvn blive let
som skyggen
af en hvid sten på bunden.

Tonight my sleep will be peaceful
as the shadow of a white stone
on the bottom of the ocean.

SKRIG

Jeg kunne have skreget
havde det ikke været for himlen.
Jeg kunne være gået
havde det ikke været for jorden.
Jeg kunne have sagt alt
havde det ikke været for havet.

Himlen er dækket af skyer.
Jorden er nøgen, sprukken og støvet.
Havet er intet
in forhold til afstanden mellem dig og mig.

SCREAM

I could have screamed
had it not been for the sky.
I could have been gone
had it not been for the earth.
I could have said everything
had it not been for the sea.

The heavens are hidden by clouds.
The earth is barren, dusty, and cracked.
And the ocean is nothing
compared to the distance between us.

CASA BLANCA

Jeg drømte om et hvidt hus ved havet
så det var ingen drøm.

Sommernatten var så overjordisk klar
at sommeren for længst var gået.

Jeg så min elskede stå i døren
så hende havde jeg forladt.

Jeg drømte om et hvidt hus ved havet
og om min elskede og sommernatten

så det var meget længe siden
og det var ingen drøm.

CASA BLANCA

I dreamed of a house by the sea, so white
it was no dream.

The summer night was so divinely clear
summer had long since gone.

I saw my love stand in the doorway,
saw her I had forsaken.

I dreamed of a house by the sea, so white,
of my love and the summer night

though it was very long ago
and though it was no dream.

FROM
OFFSHORE WIND
(2001)

KATEDRAL

Det grimmeste der findes
er sandheden.

Hvem vil ikke gerne dø
som majregn over syrener
eller vild gulerod i en grøftekant?

Fanatikere ved ikke
at de ved dette.

Jeg flyver gennem januarnatten
i lav højde over det snedækkede Europa
Katedral efter katedral
kaster sit lys ud over sneen:

Aldrig har jeg set
aldrig så klart.

CATHEDRAL

The ugliest thing in the world
is the truth.

Who doesn't want to die
like May rain over the lilacs,
like wild carrots in a ditch?

Only fanatics don't know
that they know this.

I fly through the January night,
low over a snow-covered Europe,
cathedral after cathedral
casting its light out onto the snow:

Never have I seen
never so clearly.

DEN HVIDE VASE

Sommeren er endnu ikke gået
og du er endnu ikke gået
og jet er endnu ikke gået.

Og døren er lukket
og aftensolen går ned gennem ruderne
og birketræets skygge stryger

støvet på det sorte bord
med den hvide vase.
Og støvet bliver liggende.

THE WHITE VASE

The summer has still not gone
and you are still not gone
and I am still not gone.

And the door is closed
and the afternoon sun warms the windowpanes
and the shadows of the birch trees darken

the dust on the black table
with the white vase.
And the dust just lies there.

GENOPSTANDELSE

Efter dødens måned følger genopstandelsens:
Februar. I et iskoldt badeværelse
står du nøgen og med sorte vinger.
Vandet vil ikke løbe. Verden vil ikke dreje.
Vinduet kan ikke åbnes. Og den
der står her ligner dig kun næsten.

Du er nemlig defekt. Det er månedens skyld.
Den er for kort til at gøre noget færdig.
Dine vinger duer ikke, og du opdager
til din rædsel, at du mangler et røvhul
som et varsel om noget langt, langt, værre.

Uniformen hænger på en bøjle bag døren
med instrukserne i inderlommen.
Det er prisen for at slippe ud: Sig
bar, du er Napoleon, så tror de på dig.

Alle de andre er nemlig også Napoleon.

RESURRECTION

After the month of the dead comes resurrection:
February. In an ice-cold bathroom
you stand naked, with black wings.
The water won't run. The world won't turn.
The window won't open. And the thing that stands there
only looks a little like you.

In fact, you're defective. It's the month.
It's too short to do anything right.
Your wings turn out to be useless, and then you discover
to your horror, that you have no asshole,
like a warning of something much, much worse to come.

A uniform hangs on the back of the door
with instructions in the pocket.
The price of escaping: just
say you're Napoleon, and they'll believe you.

All the others, of course, are also Napoleon.

NOTAT FRA KOSOVOKRIGEN

Nede i kælderen kunne jeg intet se
på grund af mine solbriller
fandt jeg ud af, da jeg endelig tog dem af
og smed dem fra mig i vrede.

Nu sidder jeg og kan ikke se havet ordentligt
fordi jeg har læsebriller på
og heller ikke læse, hvad jeg skriver
fordi solen er for stærk.

Af stædighed beholder jeg læsebriller på.
Og ingen magt
skal få mig til at gå ned i kælderen efter solbrillerne!
Sådan er mit liv. Sådan er menneskelivet.

Sådan fortsætter krigen.

NOTE FROM THE WAR IN KOSOVO

I couldn't see anything down in the basement
because of my sunglasses,
which I only realized when I finally tore them off
and threw them aside in a rage.

Now I sit and can't see the ocean
because I'm wearing reading glasses
and can't read what I'm writing
because the sun is so strong.

Out of stubbornness I keep the reading glasses on.
And nothing on earth
will make me go down in the basement to get the sunglasses!
Such is my life. Such is human life.

And so continues the war.

CEHENNEM VE CENNET

Noget faldt ned fra Universet
og lavede et kæmpestort, dybt hul
men der var ingenting
nede i hullet.
—Så nu står de hver eneste søndag
og flor ned i det
og kalder det af samme grund
for Helvede.

Ved siden af er der et andet hul
og nede på bunden
en lille kirke
som man kan komme ned til
ad en trappe
og stå og se op af hullet.
—Så det hul
kalder de for Paradis.

CEHENNEM VE CENNET

Something fell out of the universe
and made this gigantic, deep crater,
but there was nothing
down in the hole.
—So now every Sunday they stand
at the edge and stare down,
and for this reason
call it Hell.

Beside it there's another hole
and in the bottom
a little church
that you can get to
by a stairway,
then stand looking up out of the hole.
—And that hole
they call Paradise.

REGNEN

Det regner.
Og fordi det regner
har det aldrig gjort andet end at regne.
Der er i virkeligheden
intet andet end regn
og alle drømme
handler om, at det regner.

Og det er ikke mindst min skyld
at det regner.
Det er min skyld
fordi det er mind skyld, at jeg er blevet født.

Jeg er blevet født, fordi jeg har løjet
om selve regnen:
"Pludselig bryder solen fem
og tænder en hvid gavl."
har jeg engang sagt.

Det er løgn.

Derfor er jeg blevet født
fordi det regner.

Sådan regner det.

Har I så forstået
hvordan jeg har det i regnvejr?

THE RAIN

It's raining.
And because it's raining
it's never done anything but rain.
There is in truth
nothing other than rain
and all dreams
are about the fact that it's raining.

And it's in no small part my own fault
that it's raining.
It's my fault
because it's my fault I was born.

I was born because I myself
once lied about rain:
"Then the sun broke out
and lit up a white gable"
I said one time.

Which was a lie.

And therefore I was born
because it's raining.

And so it rains.

Do you see now how I get
on rainy days?

UDSIGT FRA VOLDBOLIGERNE

Det der lyder som havet
er trafikken for hjemadgående.

Selv i mine dybeste drømme
ved jeg, at jeg drømmer

som livet ved, at det er dødens
drøm om at vågne.

Når jeg nu og da åbner øjnene
tror jeg, jeg kam skimte havet.

Men det bliver en bil
der kommer og henter mig.

VIEW FROM THE APARTMENT BUILDING

What sounds like the sea
is just traffic, headed home.

Even in my deepest dreams
I know that I'm dreaming,

just as life knows it is death's
dream of waking.

When I open my eyes now and then
I think I can just glimpse the sea.

But then it's only a car,
coming for me.

APPEL TIL BLIKKENSLAGERNE

Jeg plejede at bruge ordet smerte
som når man taler om en køkkenvask
der er stoppet til.
Og efterårslyset får fedtet på tallerkenerne
til at ligne gammel kosmetik
og man kan ikke huske, hvad sådan en hedder
en der reparerer køkkenvaske
og når ordet blikkenslager
endelig melder sig
har han først tid om et par timer
og kommer et par timer for sent.
Og sådan bliver det til aften
ligesom efter alle de andre dage
og man går i biografen
alene, og ser en film, man har glemt
længe før køkkenvasken
går i stykker næste gang
så der kun er tilbage at gå hjem
og ligge vågen i mørket
og tænke på alle de andre ord
man også misbrugte, og alt det
der gik galt, alle dem
der forsvandt, fordi de ikke ville være med
—så det måske alligevel er
det der hedder smerte.

AN APPEAL TO PLUMBERS

I used to use the word suffering
the way you might talk about
a stopped-up kitchen sink.
And now the autumn light makes the grease
on the plates look so much like old make-up
it's hard to even remember what to call them:
those guys who fix kitchen sinks,
and when finally the word plumber
comes to you,
he says he can't make it for two hours,
then shows up two hours late.
And then evening comes
like it always does
and you go to the movies
alone, and see a film you'll have long since forgotten
by the time the kitchen sink
breaks down again,
leaving you nothing to do but go home
and lie awake in the dark
and think about all the other words
you've misused, and everything
that went wrong, and all those who are gone now
because they didn't want to be with you
—so maybe this really is, after all,
that thing we call suffering.

FRA EN DAL I EN DAL

Det er så lyst som det er sommer
det er så mørkt som det er mig.
Det er så før som det er efter
og så sent som det er altid.

Sommeren går fra dal til dal.
Træerne bøjer sig, mørkner og sukker
fordi de ikke kan følge med.
De hvide sten har suget så meget lys
at lyset nu intet kan finde.
De tabte år har afsat perlemor i skyggerne.

Jeg har hverken tal på mine fortrydelser
eller på dem, der døde.

Forrevne skyer kaster kitinhårde skygger
over vedbend og mur:
Jeg tænker på at jeg skal væk
og bliver mærkeligt opstemt.

Det er så lyst som det er sommer
og så sent som det er altid.

FROM A VALLEY IN A VALLEY

It's so bright it's like summer,
so dark it's like me.
It's so before it's like after,
and so late it's like always.

The summer moves from valley to valley.
The trees bend, and darken and sigh
since they can't come along.
The white stones have drained so much light
that the light no longer finds anything.
Lost years have replaced mother-of-pearl in the shadows.

I can't even count up my sorrows,
all those who have died.

Ragged clouds cast their hard shadows
over ivy and wall:
I think about leaving
and feel strangely elated.

It's so bright it's like summer,
and so late it's like always.

OM FORDELE OG ULEMPER VED AT VÆRE TIL

Når lyset brænder
ombestemmer jeg mig og går videre.
Når huset er mørkt
mangler jeg papir og pen.
Når æbletræet er grønt
mangler blomsterne.
Når foråret er forbi
mangler det vi manglede.

Da jeg for mange år siden skulle skrive fristil
om "fordele og ulemper ved at være til"
noterede jeg mig dette
en nat, hvor æbletræerne stod i blomst.

ON THE ADVANTAGES AND
DISADVANTAGES OF BEING

When the candle's burning,
I decide once again to keep going.
When the house is dark
I can never find paper and pen.
When the apple tree's green
it's missing its flowers.
When spring is over
it's missing all that we missed.

And when, years ago, I was asked to write an essay
on "the advantages and disadvantages of being,"
one night I scribbled this
as the apple trees all stood in bloom.

FROM
SEADRAGON
(2004)

FORLØSNING

Jeg glæder mig sådan
til at sommeren er forbi!
Og vinden suser
så fjerne skove rykker nær
og det bliver tidligt mørkt
og gule tagetes lyser
så søvngængerne
kan finde ned fra tage og kirketårne
og jeg har glemt, hvem jeg var
og danser under en gadelygte i støvregnen
sammen med de møl, der åd mit sidste sæt tøj.

REDEMPTION

I can't wait
until summer's over!
When the wind whistles
so loud the trees in the distance rush near
and it gets dark early
and the yellow marigolds glow so bright
the sleepwalkers
can find their way down from the rooftops and church towers
and I can forget who I am
and dance under a streetlamp in the drizzle
with the moths that ate my all my clothes.

FEM HAIKU

1.

Vintergækker! Hvad
gør I resten af året?
Det vil jeg også.

2.

Et underligt lys
halvt forår, halvt efterår
halvt fremme, halvt mig.

3.

Jeg gider ikke.
Ikke et år til. Gerne
hundrede forår.

4.

Selvmedlidenhed:
Bløddyr med tigerkløer
dybt i sit hjerte.

5.

Lykkelige der.
Skrækkelige her. Forbi
mig selv på vejen.

FIVE HAIKU

1.

Blossoming snowdrops!
Where, all year long, are you? I
want to go there too.

2.

Unusual light:
half autumn and half spring, half
visible, half me.

3.

I couldn't care less.
Not a year more. Though gladly
a hundred more springs.

4.

What is self-pity?
A soft mollusk with tiger
claws deep in its heart.

5.

So happily there.
So terrified here. Passing
myself on the way.

SLEEPING AROUND

Jeg elsker at sove rundt omkring
i fremmede værelser
med fremmede kvinder
og høre regnen på taget
og høre bananplantens raslen mod tagrenden
og høre vandrørene klukke
og en radio gå i gang i naboværelset.

Jeg elsker at høre en kvinde
bryde ud i klagesang på et fremmed sprog.

Jeg elsker fremmedheden:
Det ene værelse mere fremmed end det andet
den ene kvinde mere fremmed end den anden
tigerens brøl på gårdspladsen under månen.

Jeg elsker, når jeg er forelsket
i én bestemt

og jeg hører alle disse lyde

alene in mørket.

SLEEPING AROUND

I love to sleep around
in foreign rooms
with foreign women
and hear the rain on the roof
and hear the banana plants scraping the gutter
and hear the pipes gurgling
and a radio clicking on in the next room.

I love to hear a woman
start to moan in a foreign tongue.

I love foreignness:
each room more foreign than the next,
each woman more foreign than the next,
the tiger's growl in the courtyard under the moon.

I love when I'm in love
with someone,

and hear all this

alone in the dark.

ØNSKE

Jeg ville ønske, jeg kunne se dig, som du var
Nej! Jeg ville ønske, jeg kunne se dig
som jeg ville ønske, du var.
Nej! Jeg ville bare ønske, at du var
sådan så jeg kunne se dig.

Men lige nu er du alt for langt væk.
Så allermest
ville jeg nok ønske, jeg slet ikke var her
så det bare var dig.

Og hvis jeg stirrede længe nok ud i skumringen
på det blomstrende mandeltræ:

Så går alle disse
mine modstridende ønsker i opfyldelse
på én gang.

WISH

I wish I could see you as you were.
No! I wish I could see you
as I wish that you were.
No! I just wish you were
someone I could see.

But now you're too far away.
So above all
I wish I wasn't here at all,
that it was only you.

And that if I stared long enough out into the dusk
at the blossoming almond tree:

suddenly
all my conflicting
wishes would come true.

EN MIDSOMMERSONET

Skab intet overflødigt. Det er allerede alt for meget af alt.
Hvis jeg kalder dette en sonet, er det fordi hylden blomstrer
og jeg kalder hyldeblomster for hyldeblomster
af samme grund som en sonet består af fjorten linjer.
Underkastet den logik viser en dinosaur sig i den femtelinje
for at minde os om det forhold mellem intelligens og styrke
denne aften også handler om: På tv-skærmen fægter
dens korte forben hjælpeløst i luften som en fortvivlelse
over at byttet slap fra den. Derfor skal den tiende linje
nævne en gammel mand og hans psykopatiske mordersøn
der fra et sted i Amerika kan slukke denne sommernat
sådan som jeg slukker for fjernsynet. Det er den tolvte.
Den fjortende bør man læse ved hyldeblomsternes lys
så det, der kom før, endnu en gang træder klart frem.

A MIDSUMMER SONNET

Make nothing needless. There's already too much everything.
If I call this a sonnet, it's only because the elder's in bloom
and if I call the elder bush blossoms elder bush blossoms,
it's for the same reason there are fourteen lines in a sonnet.
By the same logic a dinosaur must appear in the fifth
to remind us that this is also about the connection
between strength and intelligence: its stunted forelegs
helplessly fencing the air on the TV screen, in despair
that its prey got away. Therefore, the tenth line
shall speak of an old man and his psychopathic, murderous son
who, somewhere in America, could put an end to this summer night
as easily as I shut off the TV. That is the twelfth.
The fourteenth must be read by the light of the elder bush blossoms,
so that what came before can return: uncanny and clear.

PUNKTUM

Jeg er kommet til det punktum
der hedder midsommer.
Det der begyndte så godt
slutter her.

Det der slutter her, var det
der begyndte så godt.
Og det var alt.
Og det er det, som står her.

Det er som at være alene i verden
og sige ordet "hjem".
Det er som at høre sætningen
"Din kæreste er død."

Solen kan ikke forsvinde
for der er ingenting at forsvinde fra.
Når vinden blæser
vender træerne det sorte ud af deres kroner.

POINT

I've come to that point
called midsummer.
What started so well
must stop here.

What stops here was once
what started so well.
And that's all.
And that's it. It stops here.

It's like being alone in the world
and saying the word "home."
It's like hearing the sentence
"Your girlfriend is dead."

The sun can't disappear
for there's nothing left to disappear from.
The wind blows and the trees
toss all the darkness from their crowns.

EFTER EN OND DRØM

Da jeg vågnede, sad låget på sin plads
på den store, sorte gryde
og af kannibalerne
var der kun et ekko
af deres eksotiske navne tilbage.

Bogmærket stak ud af bogen på natbordet
på det helt rigtige sted
og da jeg stak fødderne ud af sengen
så jeg, at mine snørebånd
sad korrekt i skoene.
Og sokkerne lå lige ved siden af.

Der var ingen krokodille under sengen
og edderkoppen
der havde siddet på lur bag døren
var gået sin vej.

Mit hoved og mine arme
var ikke anbragt
i hver deres
sorte plasticpose.
De sad rigtig godt fast til kroppen.

Jeg kunne bevæge mig uden at bløde.
Jeg havde ikke engang
ondt i maven.

AFTER A BAD DREAM

When I woke, the lid sat in place
on top of the pot,
and nothing remained
of the cannibals but an echo
of strange names in the air.

On the nightstand a bookmark stuck out of the book
in exactly my place,
and when I swung my feet out of bed
I saw my shoelaces
right there in my shoes.
And beside them, my socks.

There were no crocodiles under the bed
and the spider
lurking behind the door
was long gone.

My head and my arms
were not stuffed away,
each in its own
black plastic bag,
but still firmly attached to my body.

I could move without bleeding.
I didn't feel the least
bit of pain in my belly.

På køkkenbordet stod der en kaffemaskine
en almindelig kaffemaskine
i formiddagslyset, som sivede ind
gennem de blomstrede gardiner.

De trængte til at blive vasket.
Det så ud
til at være midt i april.

Da vandet kogte
lød huset så tomt.

Alle dem, jeg havde elsket
var for længst døde.

And on the kitchen counter sat a coffee-maker.
A plain old coffee-maker
in the late morning light that seeped in
through the flowered curtains.

They looked like they needed a wash.
It looked
like mid-April.

When the water boiled
the house sounded so empty.

All those I loved
were long dead.

GLÆDEN

Glæden er ligesom et timeglas:
Man vil hele tiden vende den på hovedet
for at få den til at vare.
Og så er det sorg, der løber ned.

JOY

Joy is like an hourglass
we keep turning and turning
to make it last.
And sorrow's what runs down.

THALASSA

Jeg har malet et billede, så man kan se
at det, det forestiller
er fjernere fra det, jo mere det lignet
det, det er.
Så jeg har altså malet det
med ord.
Se selv hvor langt borte
du allerede er fra det selv, du holdt af
at sammenligne med havet
der hvor det åbenbarer sig
gennem bøgeskovens nyudsprungne løv
med bundgarnspæle og måger
når de mælkehvide aftener bliver længere
end det er muligt for dig
at trænge ind i din bevidsthed.
Ord bedrager
nøjagtigt som farver
så jeg har altså sagt det
med farver.
For farver rimer ikke
på garver eller graver
lige så lidt som Hüdavendigar
et gadenavn
der er mig specielt kært
fordi de samme måger holder til der.
Hav rimer ikke på rav
selv om havet er ravgyldent lige nu

THALASSA

I've painted a picture, such that
what it represents
looks further away, the more it begins
to look like what it is.
I've painted it
with words.
See for yourself how far away
you are already,
from what you think looks like the sea,
as it comes into view
between the beech trees' new-sprung leaves,
with its fishing piers and seagulls,
where the milk-white afternoons last longer
than it's possible for you
to linger in this state of mind.
Words deceive
exactly like colors
so I have said it also
with colors.
Since colors don't rhyme
like tan and gravedigger,
or as easily as Hudavendigar,
a street name
that's especially dear to me
since these very gulls are always there.
Harbor doesn't rhyme with amber,
even though it's amber-gold just now out in the harbor,

hvor hjortene kommer til syne i skovbrynet
men muligvis på Thalassa.
Ja, langt ude
meget, meget langt ude på Thalassa.

where the deer come into sight at the edge of the wood,
maybe on Thalassa.
Yes, far out,
far, far out on Thalassa.

SIDST I DECEMBER

Dagene bliver ikke kortere
og livet bliver ikke længere
og døden kommer ikke nærmere.

Og intet føles fjernere
end det er skrevet
af skyggen i dette lave sollys.

LAST OF DECEMBER

The days get no shorter
and life gets no longer
and the dead never come any nearer.

And nothing feels more distant
than what's written
in the shadows of this low sunlight.

FROM
VISITING HOURS
(2007)

HUSKESEDDEL

1.

Hver sjæl ånder ene og alene
for kroppen, den hader
men har solgt sig selv til
for at kunne dø.

2.

Så længe mit skelet
ikke går fra mig
bliver jeg aldrig ensom.

3.

Når jeg vender tilbage til havet
bliver den uden mig.

NOTE TO SELF

1.

Every soul breathes
for the sake of the body it hates,
but to which it's sold itself
so as to die.

2.

As long as my skeleton
never leaves me
I'll never be lonely.

3.

When I turn my back to the sea
it goes on without me.

ANATOMI

Det at skære et dødt menneske op
lærer ikke én at leve
med døden i sin egen krop.
    Det gør sommeren:

Når man står ude i skoven og hører det regne
lyder det som om de endnu levendes
festmåltid på de døde,
    en flænsen, grynten, smasken og prutten

så man mærker ormene sig ind i én
i længsel efter at blive til grønne blade.
Kød, blod og knogler er vi, lige meget solstrejf
    og strejfende skygger.

ANATOMY

Even cutting up a corpse
doesn't teach you how to live
with death inside your body.
        That's what summer does:

when you stand out in the woods and hear
the sound of the rain, like the living
feasting on the dead,
        slicing, grunting, gnawing, farting

until you feel the worms boring inside you,
longing to become green leaves.
Meat, blood, and bones are we, as much as sunbeams,
        passing shadows.

HAIKU

Lav sol på skodder:
Sensommeren og døden
på ét koldt hængsel.

HAIKU

Sunset on shutters:
late summer and death itself
on this one cold hinge.

PROGRAMERKLÆRING

Jeg ville så gerne skive et digt
må være den uskrevne linje
som alverdens digte begynder med.
Og nu har jeg skrevet den.
Det må give mine ord en vis vægt.
I skal ikke vente jer rim, for jeg kan ikke fordrage rim.
I modsætning til de fleste
har jeg svært ved at huske et digt med rim i
men jeg kan i massevis af urimede udenad
bl.a. dette, når det bliver færdigt.
Rim spænder ben for hinanden, synes jeg
og kan dermed sammenligne rimede digte med fodbold
som jeg i modsætning til mange
heller ikke er vild med.
Hvad mere? Jeg kan ikke lide lugten af bagerforretninger
men synes der lugter godt hos slagteren
selvom jeg er modstander af at dræbe dyr.
Og når mere end tre personer begynder at mene det samme
mener jeg, at mindst en af dem må have uret.
Derfor siger jeg: Ned med monarkiet
og slip så alle husdyrene løs.
Hermed har jeg forelagt mit program
i form af et digt uden rim.
Det er et program på grund af ordenes logiske indhold.
Det er et digt, fordi jeg siger, det er det.

MANIFESTO

I wish I could write a poem
must be the unwritten line with which
every poem in the world begins.
And now I've gone and written it.
At least it lends these words a certain weight.
Don't expect rhymes either, because I've always hated rhyme.
And unlike most people
I have trouble remembering poems that rhyme
but can recite a million unrhymed poems by heart,
including this one, when I'm finished.
I often think that rhymes trip over themselves,
as if rhyming were like soccer,
which unlike most people,
I'm not that wild about.
What else? I don't like the smell of bakeries
but I love the smell of the butcher
even though I'm against the killing of animals.
And when more than three people start to think the same
thing as me, I know at least one of them is wrong.
Therefore I say: down with the monarchy,
free the house pets!
I hereby publish my manifesto
in the form of an unrhymed poem.
It's a manifesto because of the logical meaning of the words.
And it's a poem because I say that's what it is.

VANDMAND

Havet er fuldt af skrækkelige vandmænd.
De hersker over havet som menneskene over jorden.
Vandmænd er blødere end mennesker
men i deres eget element
er mennesker blødere end vanmænd.
Det mærker man, når de dør.
Vandmænd tørrer ind på stranden og forsvinder.
Menneskene bliver først hårde, så bløde
de er meget længe om at forsvinde
og med deres knogler hævner de sig på dem
der glemte at lukke deres øjne med et kys.
De griner ad os med deres blottede tænder.
Mennesker må forvandle sig til jern
for at kunne nå hinandens hjerter.
De elsker den sorte jord, som æder hjerter
den sorte jord, som elsker de hvide knogler.
Jeg elsker de hvide strande
hvor vandmændene forsvinder i det hvide sand
så umærkeligt som vandet selv
og strandpiberens toner lige så lidt
som havets bølger lader sig gentage.

JELLYFISH

The sea is full of horrid jellyfish.
They rule it like we rule the earth.
Jellyfish may seem soft compared to people
but in their own element
people are even softer.
You see this when they die.
Jellyfish dry up on the beach and simply vanish.
But people harden, then turn so soft
they take forever to vanish,
and their bones take vengeance
on those who failed to close their eyes with a kiss.
They laugh at us with their bare teeth.
People would have to change themselves to iron
to reach each other's hearts.
They love the black earth, that eats hearts,
the black earth, that loves white bones.
I love the white beach,
where jellyfish vanish in the white sand
as imperceptibly as water itself,
and the sandpiper's call, and the sea's waves,
softly repeating themselves.

SENSOMMERENS FØRSTE DAG

Solen er brændt igennem.
Det der lignede en maske
var bare sig selv:
Der er ingenting
mellem lyset og dets kilde.
Markerne samler støv
i stedet for at rejse.
Skoven står kold og hård.
Husene er kommet ud
for sidste gang.
Deres udtryk er entydige
og uforklarlige som tarokkort.
Et øjeblik ser du fremtiden
så tydeligt
som lå den foran dig.

THE FIRST DAY OF LATE SUMMER

The sun has burned through at last.
What looked like a mask
was only itself:
nothing left now
between the light and its source.
The motionless fields
gather dust.
The woods stand cold and hard.
The houses have come out
for the last time.
Their expressions so clear
and inscrutable, like tarot cards,
that for an instant you can see the future
as clearly
as if it lay before you.

Henrik Nordbrandt, one of Denmark's foremost contemporary poets, has published over 30 books. These include poetry, essays, and translations, as well as a novel and a Turkish cookbook. In 2000 he was awarded the Nordic Council Literature Prize for his twenty-first collection of poems, *Dreambridges*. Nordbrandt has spent much of life outside of Denmark, living alternately in Turkey, Italy, and Greece, which gives his writing a unique perspective. English translations of his poems have appeared in *American Poetry Review*, *New Letters*, the *Literary Review*, *Contemporary World Literature*, and the *Mid-American Review*.

Patrick Phillips is a poet, professor, and translator. He is currently finishing his third book of poems, which he worked on as a Guggenheim Fellow. For his poetry translations he received the Sjöberg Prize in 2001, as well as the Translation Prize of the American-Scandinavian Foundation in 2008. He teaches Writing at Drew University.

Open Letter—the University of Rochester's nonprofit, literary translation press—is one of only a handful of publishing houses dedicated to increasing access to world literature for English readers. Publishing ten titles in translation each year, Open Letter searches for works that are extraordinary and influential, works that we hope will become the classics of tomorrow.

Making world literature available in English is crucial to opening our cultural borders, and its availability plays a vital role in maintaining a healthy and vibrant book culture. Open Letter strives to cultivate an audience for these works by helping readers discover imaginative, stunning works of fiction and poetry, and by creating a constellation of international writing that is engaging, stimulating, and enduring.

Current and forthcoming titles from Open Letter include works from Argentina, Bulgaria, France, Germany, Latvia, Netherlands, Poland, Russia, and many other countries.

www.openletterbooks.org